■ Verbinde.

Fragen und Antworten

Was ist gelb und sauer?	●————————●	Eine Banane.
Was ist rot und süß?	●	Eine Zitrone.
Was ist gelb und krumm?	●	Eine Orange.
Was ist orange und rund?	●	Eine Kartoffel.
Was ist innen grün?	●	Eine Kirsche.
Was wächst unter der Erde?	●	Eine Kiwi.

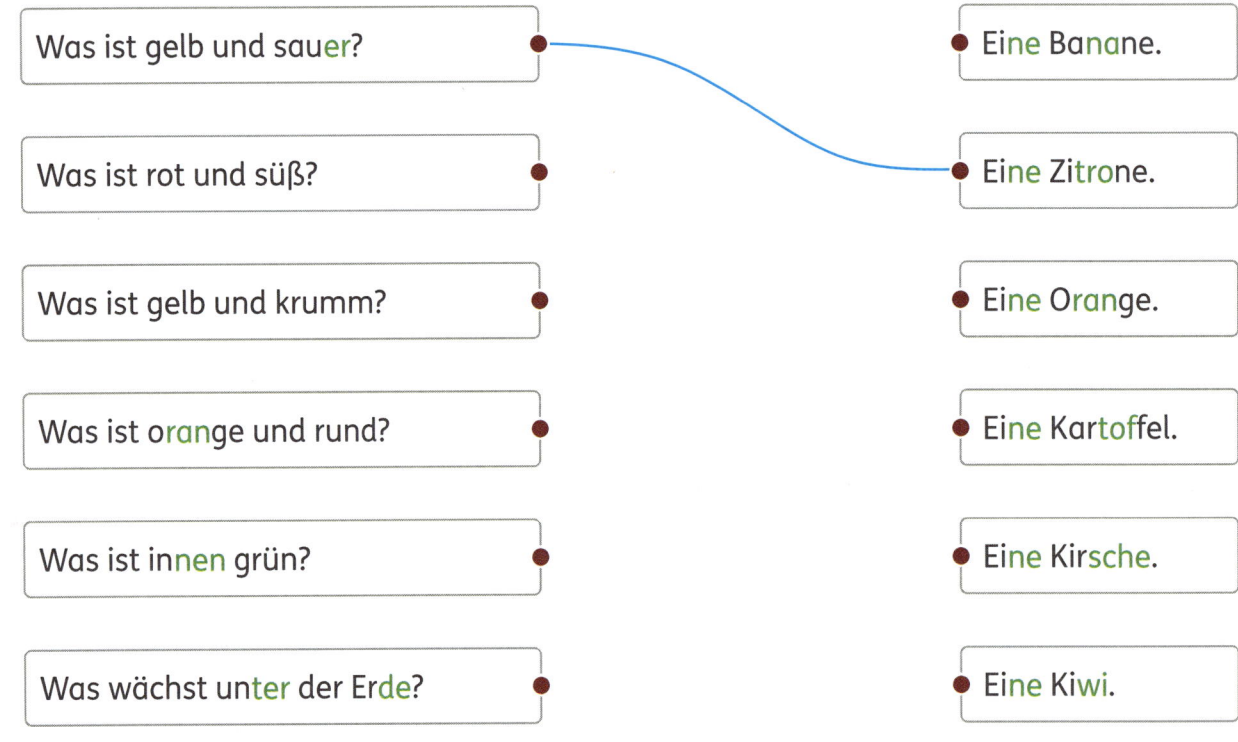

- Verbinde.

Was ist warm und leuchtet? ●	● Der Mond.
Was ist nass und kommt von oben? ●	● Die Sterne.
Was ist kalt und feucht? ●	● Die Sonne.
Was weht dir um die Nase? ●	● Der Regen.
Was ist rund und in der Nacht zu sehen? ●	● Der Schnee.
Was funkelt in der Nacht? ●	● Der Wind.

- Verbinde.

Was hat schwarz-weiße Streifen? ●	● Ein Pinguin.
Was lebt in der Antarktis? ●	● Ein Zebra.
Was ist manchmal giftig und hat keine Beine? ●	● Eine Spinne.
Was schwimmt im Meer? ●	● Eine Schlange.
Was stellt Honig her? ●	● Ein Delfin.
Was hat acht Beine? ●	● Eine Biene.

■ Verbinde.

Was macht Licht? ●	● Ein Klavier.
Was hat viele Seiten? ●	● Ein Radio.
Was hat schwarz-weiße Tasten? ●	● Ein Buch.
Was macht Musik und braucht Strom? ●	● Eine Lampe.
Was ist durchsichtig und zerbrechlich? ●	● Eine Tapete.
Was hängt an den Wänden? ●	● Ein Glas.

Fragen und Antworten

■ Setze Trennstriche.

DIE|MAUS|GUCKT|AUS|DEM|LOCH.

INDERNACHTISTDIEEULEWACH.

DERFROSCHQUAKTAMTEICH.

DERJUNGEREITETAUFEINEMPFERD.

INDERTASCHEISTEINBROT.

■ Setze Trennstriche.

 NEBENDEMHAUSSTEHTEINHOHERBAUM.

 BEISTURMBLÄSTDERWINDSTARK.

 DIEKATZESPIELTMITWOLLE.

 AUFDEMSPIELPLATZSPIELENKINDER.

 EINFLUGZEUGFLIEGTHOCHINDERLUFT.

■ Male.

Der Erfinder Fred

Hier steht der Erfinder Fred.

Fred ist groß und dünn.

Auf der Nase trägt er eine blaue Brille.

Er hat keine Haare.

Seine Hose ist grün.

Er trägt einen roten Pullover.

Fred hat das Unsichtbar-Pulver erfunden.

- Male.

Der Erfinder Frido

Hier steht der Erfinder Frido.

Frido ist sehr klein.

Seine Haare sind kurz und schwarz.

Er hat grüne Augen.

Er trägt eine blaue Hose.

Sein Pullover ist grün.

Frido hat die Aufräum-Maschine erfunden.

- Welches Wort passt nicht in die Reihe? Streiche es durch.

Ein Löwe ist doch kein Obst!

| Apfel | Banane | ~~Löwe~~ | Himbeere | Kirsche |

| Hund | Maus | Elefant | Telefon | Tiger |

| Hose | Jacke | Socken | Pullover | Käse |

| Lampe | Tulpe | Krokus | Rose | Nelke |

| Tante | Oma | Bruder | Lama | Papa |

■ Welches Wort passt nicht in die Reihe? Streiche es durch.

Gabel	Auto	Bus	Fahrrad	Boot

Sommer	Sonne	Frühling	Herbst	Winter

Tisch	Sofa	Sessel	Bett	Riese

Rutsche	Schaukel	Nuss	Wippe	Sandkasten

Italien	Brasilien	England	Nudel	Frankreich

Oberbegriffe

Was ist das? Die Wol**ke**n se**hen** aus wie Huf**ei**sen!

- Zähle die Hufeisen: _____

12

Anoki möchte lernen, mit Pfeil und Bogen zu schießen.

- Fahre mit dem Bleistift zwischen den Linien entlang.
  Berühre keine der beiden Linien.

▪ Was bin ich? Kreuze an.

Ich habe vier Beine, aber kein Fell.
Jeder hat mich bei sich zu Hause.
An mir kann man essen.
Ich bin ...

 ☐ eine Tafel.    ☐ ein Fisch.   ☒ ein Tisch.

Ich bin zerbrechlich.
Du kannst Tee oder Kakao aus mir trinken.
Ich habe einen Henkel.
Ich bin ...

 ☐ eine Kasse.   ☐ eine Tasse.   ☐ ein Glas.

■ Was bin ich? Kreuze an.

Ich bringe dir Wärme.
Ich kann deine Haut rot machen.
Manchmal bin ich hinter den Wolken.
Ich bin ...

 ☐ der Himmel.   ☐ die Sonne.    ☐ der Ofen.

Ich bin in deinem Mund und helfe dir beim Essen.
Ich bin weiß und scharf.
Du musst mich immer gut putzen.
Ich bin ...

 ☐ ein Zaun.    ☐ ein Messer.    ☐ ein Zahn.

■ Verbinde.

Wie heißt du? ●	● Ich wohne in Hamburg.
Wie alt bist du? ●	● Ich bin 7 Jahre alt.
Wo wohnst du? ●	● Ich heiße Alexander.
Hast du Haustiere? ●	● Er heißt Oskar.
Wie heißt dein Hund? ●	● Ich habe eine große Schwester.
Hast du Geschwister? ●	● Ich habe einen Pudel.

■ Verbinde.

Wer bist du?	Ich bin 11 Jahre alt.
Wie alt bist du?	Ich bin Kater Jimmy.
Was machst du am liebsten?	Ich schlafe oft 15 Stunden am Tag.
Welche Farbe hat dein Fell?	Am liebsten fresse ich.
Wie lange schläfst du am Tag?	Ich spiele gerne mit Wolle.
Womit spielst du gerne?	Mein Fell ist grau.

Test 1, S. 46

Fragen und Antworten

- Lies den Text.

29. Juli

Lieber Anton,

ich bin in Afrika.
Hier ist es aufregend.
Wir haben eine Safari gemacht.
Da gab es Löwen, Giraffen und Nashörner.
Ein Krokodil war direkt neben unserem Boot.
Morgen reite ich auf einem Elefanten.
Leider sind wir nur eine Woche hier.

Was machst du in den Ferien?

Liebe Grüße!
Deine Lara

An

Anton Schuster

Krokusweg 36

10155 Berlin

- Markiere im Text.

Hake ab, was du gefunden hast.

☑ Wem schreibt Lara?

☐ Wo ist Lara?

☐ Welche Tiere sieht Lara?

☐ Wie lange bleibt Lara in Afrika?

☐ Wo wohnt Anton?

■ Welcher Satz stimmt nicht? Streiche ihn durch.

Könnten Vögel kochen?

Zwei Vögel sitzen auf dem Ast und singen.

Zwei Vögel kochen auf dem Ast und feiern.

Zwei Vögel sitzen auf dem Ast und frieren.

Zwei Vögel sitzen auf dem Ast und piepen.

Zwei Vögel sitzen auf dem Ast und schlafen.

■ Welcher Satz stimmt nicht? Streiche ihn durch.

Die schwarze Katze liegt auf dem Sofa und schläft.

Die schwarze Katze liegt auf dem Sofa und schnurrt.

Die schwarze Katze liegt auf dem Sofa und gähnt.

Die schwarze Katze lügt auf dem Sofa und lacht.

Die schwarze Katze liegt auf dem Sofa und schmatzt.

■ Welcher Satz gehört nicht hinein? Streiche ihn durch.

Ein Satz passt nicht in den Text.

Was Tiere können

Bienen können summen.

Fische können schwimmen.

Lara schreibt schöne Gedichte.

Vögel können fliegen.

Katzen können springen.

■ Welcher Satz gehört nicht hinein? Streiche ihn durch.

Mila bastelt

Mila bastelt Sterne.

Zuerst faltet sie das Papier.

Dann schneidet sie Muster hinein.

Die Suppe schmeckt ihr nicht.

Mila freut sich über ihre schönen Sterne.

Anoki und Luna basteln eine Kette mit bunten Perlen.

■ Male die Perlenketten richtig an.

Luna nimmt immer:
– zwei gelbe Perlen,
– drei blaue Perlen,
– eine rote Perle.

Anoki nimmt immer:
– drei blaue Perlen,
– eine grüne Perle,
– zwei schwarze Perlen.

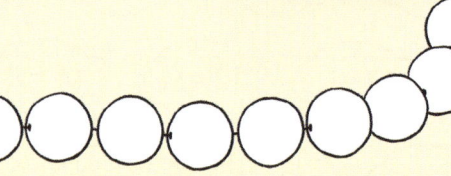

■ Schreibe die passenden Buchstaben über die Zahlen.
  Welche Wörter erhältst du?

—— —— —— —— ——
20 18   1   21 13

—— —— —— —— —— ——
6   5   18   9   5   14

—— —— —— —— —— —— —— ——
5   18   6   9   14   4   5   18

1 = A   2 = B   3 = C

4 = D   5 = E   6 = F   7 = G   8 = H   9 = I   10 = J   11 = K

12 = L   13 = M   14 = N   15 = O   16 = P   17 = Q   18 = R

19 = S   20 = T   21 = U   22 = V   23 = W   24 = X   25 = Y   26 = Z

25

■ Verbinde.

Wie heißt du?	Ja, ich habe eine schwarze Katze.
Was bist du?	Ich fliege gerne auf meinem Besen.
Wo wohnst du?	Ich heiße Helgunda.
Was machst du gerne?	Am liebsten esse ich Pilze und Krötenbeine.
Hast du ein Haustier?	Ich bin eine Hexe.
Was isst du am liebsten?	Ich wohne auf einem Berg.

■ Verbinde.

| Wie heißt du? | ● | ● | Mein bester Freund ist der Tiger Kikoro. |

| Wer ist dein bester Freund? | ● | ● | Ich trinke mit ihm Kakao und gehe spazieren. |

| Wo triffst du Kikoro? | ● | ● | Ich heiße Martin. |

| Was machst du mit Kikoro? | ● | ● | Ich treffe Kikoro nur in meinem Traum. |

| Kannst du mit Kikoro sprechen? | ● | ● | Ich wohne in einem Baumhaus. |

| Wo wohnst du im Traum? | ● | ● | Ja, ich kann mit ihm sprechen. |

27

■ Setze Trennstriche.

 IMAPFELWOHNTEINKLEINERWURM.

 DIEBLÄTTERFALLENVONDENBÄUMEN.

 DIETASSENSTEHENIMSCHRANK.

 MORGENSLIESTOPAINDERZEITUNG.

 INDERMANDARINESINDVIELEKERNE.

■ Setze Trennstriche.

 VATERLENKTEINKLEINESAUTO.

 ONKELANTONTRÄGTEINENHUT.

 INUNSEREMGARTENSTEHTEINAPFELBAUM.

 OMASIEHTIMWALDEINEAMEISE.

 DERBÄCKERBÄCKTEINLECKERESBROT.

■ Lies den Text.

Was bedeuten die Punkte auf einem Marienkäfer?

Marienkäfer sind klein und häufig rot.

Sie haben schwarze Punkte.

Meistens sind auf jedem Flügel gleich viele Punkte verteilt.

Zeigt die Anzahl der Punkte, wie alt ein Käfer ist?

Nein, das stimmt nicht.

Manche Käfer haben keine Punkte.

Andere Käfer haben sogar 24 Punkte.

Die Anzahl der Punkte bleibt von Geburt an gleich.

Sie verrät, zu welcher Art der Marienkäfer gehört.

- Markiere im Text.

☐ Welche Farbe haben Marienkäfer häufig?

☐ Welche Farbe haben die Punkte?

☐ Wie sind die Punkte auf den Flügeln meistens verteilt?

☐ Wie viele Punkte können Marienkäfer haben?

☐ Was verrät die Anzahl der Punkte?

Hake ab, was du gefunden hast.

■ Welcher Satz gehört nicht hinein? Streiche ihn durch.

Ein Satz passt nicht in den Text.

Im Sommer

Es ist warm.

Der See glitzert blau in der Sonne.

Die Wiese ist grün und trocken.

Wir können baden, grillen und Eis essen.

Ist der Winter nicht toll?

■ Welcher Satz gehört nicht hinein? Streiche ihn durch.

Im Winter

Im Winter ist der See oft zugefroren.

Auf den Wiesen liegt Schnee.

Die Bäume sind ganz kahl.

Im Garten blühen die Rosen.

Wir fahren mit dem Schlitten.

Anoki hat eine Höhle entdeckt.
An der Wand stehen Zeichen.
Was sie wohl bedeuten?
Da sieht er einen Zettel.
Jetzt weiß er, was an der Wand steht!

- Löse das Rätsel.

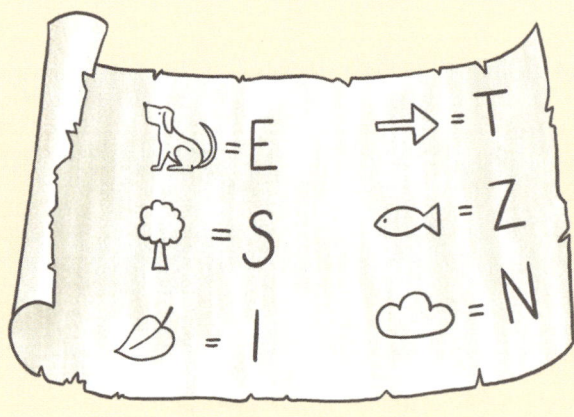

- Welches Wort passt nicht in die Reihe? Streiche es durch.

| Brot | Gurke | Auto | Schokolade | Apfel |

| Bleistift | Füller | Radiergummi | Katze | Spitzer |

| Milch | Tee | Wasser | Saft | Salami |

| Baum | Klavier | Flöte | Gitarre | Trompete |

| Flasche | Bein | Hand | Fuß | Arm |

■ Welches Wort passt nicht in die Reihe? Streiche es durch.

Auge	Nase	Mund	Ohr	Würfel

Vogel	Käfer	Biene	Stein	Fliege

Schläger	Ball	Wald	Roller	Seil

Teller	Radio	Schüssel	Topf	Tasse

Sonne	Lehrer	Heft	Kreide	Schüler

Oberbegriffe

37

■ Was bin ich? Kreuze an.

Ich stinke manchmal sehr.
Viele Menschen essen mich trotzdem.
Ich bin gelb und habe oft Löcher.
Ich bin ...

 ☐ ein Strumpf.    ☐ ein Stinktier.    ☐ ein Käse.

Ich habe acht Beine.
Häufig wohne ich in dunklen Ecken.
Dort baue ich große Netze.
Ich bin ...

 ☐ eine Schlange.   ☐ eine Spinne.    ☐ eine Maus.

- Was bin ich? Kreuze an.

Ich bringe dich von einem Ort zum anderen.
Ich habe zwei Räder und einen Lenker.
Mit mir kannst du Spaß haben.
Ich bin ...

 ☐ ein Flugzeug.    ☐ ein Fahrrad.   ☐ ein Rollschuh.

Mich kannst du nur im Winter bauen.
Meine Nase ist meistens eine Karotte.
Wenn es wärmer wird, schmelze ich.
Ich bin ...

 ☐ ein Haus.    ☐ ein Turm.    ☐ ein Schneemann.

Test 2, S. 47

■ Welcher Satz stimmt nicht? Streiche ihn durch.

Kann man im Sessel schwimmen?

Oma sitzt im Sessel und strickt einen langen Schal.

Oma sitzt im Sessel und strickt einen dicken Pullover.

Oma sitzt im Sessel und strickt eine bunte Socke.

Oma schwimmt im Sessel und sieht einen langen Wal.

Oma sitzt im Sessel und strickt eine große Decke.

■ Welcher Satz stimmt nicht? Streiche ihn durch.

Im Sportunterricht läuft Timo eine Bahn.

Im Sportunterricht wirft Timo einen Ball.

Im Spinatunterricht liest Timo eine Zeitung.

Im Sportunterricht springt Timo auf einen Kasten.

Im Sportunterricht springt Timo einen Salto.

■ Male.

Der Riese Grumpel

Der Riese Grumpel ist groß wie ein Baum.

Grumpel ist etwas dick.

Er hat rote Haare.

Seine Haut ist grün.

Er hat eine riesige Nase und drei Warzen.

Sein Mund ist blau.

Du kannst seine gelben Zähne sehen.

■ Male.

Der Riese Grunelli

Der Riese Grunelli ist ein kleiner Riese.

Grunelli ist ganz dünn.

Er hat ein schmales Gesicht.

Seine Haare sind lang und grün.

Auf dem Kopf trägt er einen spitzen Hut.

Grunelli hat große rote Augen.

Seine Haut ist blau.

Die Schatztruhe ist verschlossen.

- Finde den richtigen Schlüssel.
  Kreise ihn ein.

Der Abdruck
hilft dir.

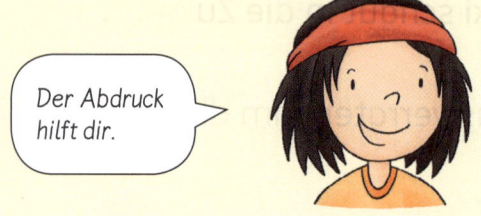

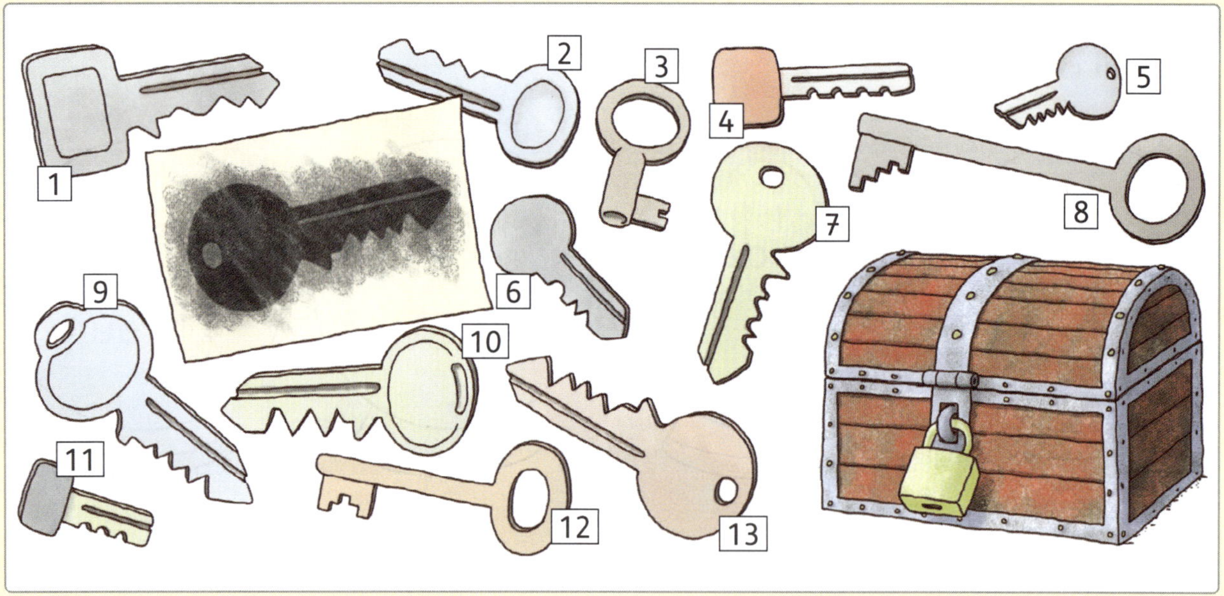
1
2
3
4
5
6
7
8
9
10
11
12
13

Anoki schaut in die Zu**kunft**.

- Was verraten ihm die Kugeln?

no A ki

det fin

mer im

de Freun

Ano_____ _____ _____ _____ .

45

■ Verbinde.

Wie heißt du? ●	● Ich wohne in Berlin.
Wie alt bist du? ●	● Meine beste Freundin heißt Tina.
Wo wohnst du? ●	● Ich heiße Helena.
Was machst du gerne? ●	● Ich bin 8 Jahre alt.
Wie heißt deine beste Freundin? ●	● Ich spiele gerne mit meinen Freunden.
Hast du ein Haustier? ●	● Ja, ich habe einen Goldfisch.

Test 1

■ Was bin ich? Kreuze an.

Ich bin lang und dünn.
Ich lebe unter der Erde.
Wenn es regnet, komme ich heraus.
Ich bin ...

 ☐ eine Schlange.    ☐ ein Känguru.    ☐ ein Regenwurm.

Mich gibt es aus Wolle und aus Fell.
Du trägst mich, wenn es kalt ist.
Ich wärme deine Ohren und deinen Kopf.
Ich bin ...

 ☐ eine Jacke.   ☐ eine Mütze.   ☐ eine Kette.

   ☺ ☺ ☐ ☹

Ein Maler hat vier Bilder von Anoki gemalt.

- Hilf Emil: Auf welchem Bild ist Anoki
  ganz genau gelungen?
  Vergleiche mit dem Original.
  Kreuze an.